AF338443

L'INTÉGRITÉ

DU

SUFFRAGE UNIVERSEL

PAR

M. Paul de GASPARIN,

ancien député.

NIMES

TYPOGRAPHIE CLAVEL-BALLIVET

12 — RUE PRADIER — 12

1873

Extraits du journal LE MIDI,
des 10, 11 et 12 septembre 1873.

L'INTÉGRITÉ

DU

SUFFRAGE UNIVERSEL

L'élection de Paris, dans laquelle la candidature de M. Barodet l'a emporté sur celle de M. de Rémusat, a joué un rôle assez important dans les mouvements politiques de la France pour que personne n'ait oublié la circulaire de M. de Rémusat. Dans cette circulaire l'éminent homme d'Etat s'engageait à la défense de l'intégrité du suffrage universel. Cet engagement, on s'en souvient, fut un sujet de scandale pour les uns, de méfiance pour les autres.

Les radicaux ne trouvaient pas l'expression assez nette : que peut bien entendre M. de Rémusat par l'intégrité du suffrage universel ? Etait-ce l'intégrité de l'œuvre de Ledru-Rollin et de Napoléon III ; le suffrage universel et direct pour toutes les élections et avec le scrutin de liste ? ou bien, M. de Rémusat qui est de l'Académie, ne prenait-il le mot d'intégrité que dans le sens réel de la langue française, et entendait-il travailler à assurer la parfaite sincérité, l'honnêteté, et l'indépendance du suffrage de chacun des électeurs aux seules conditions d'âge et de résidence que le bon sens commande impérieusement ? Il y avait là pour les électeurs radicaux une équivoque qu'il a été facile d'exploiter contre M. de Rémusat, car sa modération et son libéralisme connu empêchaient qu'on ne pût le soupçonner de tendresse pour les créations d'un socialiste et d'un aspirant à l'empire. Les radicaux, très-attachés au contraire à cette organisation qu'ils ont pliée à leur usage, et pour laquelle ils ont formé des cadres et un manuel complet avec école de soldat, de peloton et de bataillon, ont donc rejeté M. de Rémusat et nommé M. Barodet. Ceux qui conduisent l'armée radicale s'inquiétaient peu de compromettre ainsi l'existence de la République ; l'important pour eux était de conserver leur armée sous la main et de ne pas s'exposer à devenir des officiers sans troupes.

Les conservateurs rétrogrades, adversaires quand même du suffrage universel, jetaient l'anathème à M. de Rémusat. Après une telle déclaration, disaient-ils, il ne nous reste plus qu'à voter pour M. Barodet ; au moins cette élection ouvrira les yeux aux plus aveugles ; ils verront que la République soi-disant conservatrice de M. Thiers, n'est qu'une illusion, que la seule réalité est la République radicale, et la peur qui sauve les villes les rejettera dans nos bras. Ils l'ont fait comme ils l'ont dit, et l'on ne sait pas encore au juste de quel poids le vote des conservateurs monarchistes a été dans l'élection de M. Barodet. Certainement il a été très-considérable , car on était tout armé d'avance pour tirer les conséquences que l'on sait d'un événement qu'on avait préparé.

Quant aux républicains libéraux , les véritables appuis de la candidature de M. de Rémusat, ils regardaient cette déclaration comme une faute. En effet, adressée au corps électoral parisien, compromis assez avant dans l'opposition beaucoup plus que dans les idées des radicaux, elle pouvait paraître une concession (fort inutile, l'événement l'a prouvé) au credo des chefs du socialisme ; et l'ambiguïté de l'expression n'aurait pas manqué, dans un avenir prochain , de servir de texte à des accusations de duplicité ou de trahison.

En effet, M. de Rémusat est trop éclairé et trop éminemment libéral, pour que son opinion sur le véritable sens de l'expression, *intégrité du suffrage universel*, puisse faire l'objet d'un doute réfléchi. Mais en face du suffrage universel qui réfléchit peu, il faut bien le dire , la déclaration était au moins inopportune.

Pour nous qui n'avons à nous préoccuper que d'un devoir bien urgent à remplir, puisque les événements nous pressent et vont nous mettre en face, pour la résoudre, de cette question dont dépendent les destinées de notre pays , nous allons dire sans réserve, et sans ménagement pour tous les sophismes , sophismes de mots et sophismes de principes, ce que c'est que l'intégrité du suffrage universel.

Le suffrage universel n'est pas, comme le pensent beaucoup de personnes, une invention d'un parti, une simple arme de guerre imaginée pour battre en brèche nos vieilles sociétés, et qu'on conserve faute de pouvoir ou d'oser la briser. C'est mieux que cela. C'est l'expression d'un droit naturel dans un pays doté de la liberté civile et de l'égalité devant la loi. Ce droit naturel est celui de tous les citoyens de concourir par leurs suffrages à l'administration du pays dans la limite de leur intérêt et de leurs lumières. Nous avons en France trois grands intérêts d'administration publique : la commune, le département et l'Etat.

Or, on ne saurait avancer sans tomber dans l'équivoque qu'un citoyen, quelle que soit sa position, ne soit pas intéressé à la bonne administration de la commune, du département et de l'Etat. Les fautes politiques, nous le savons par expérience, se font sentir aussi cruellement au plus humble artisan que les erreurs municipales ; cependant il y a une différence fondamentale : pour le plus grand nombre des citoyens, l'administration générale du pays, et même celle du département ne font sentir les conséquences de leurs actes qu'à de rares intervalles, tandis que l'administration municipale est l'affaire de tous les jours, et touche à chaque instant à tous les intérêts des habitants de la commune.

Un homme politique de la Suisse qui n'avait rien de paradoxal dans l'esprit me disait : Vous ne vous sauverez en France qu'en développant l'esprit municipal, l'amour du clocher, l'intérêt direct à toutes les affaires de la commune, une jalousie même exagérée de toute immixtion des voisins et parfois du pouvoir central dans les affaires de votre circonscription. Vous échapperez ainsi aux intrigants cosmopolites, aux meneurs des grandes villes, et si vous avez, comme cela est hors de doute, des intrigants à domicile, consolez-vous en pensant qu'on n'est pas longtemps prophète dans son pays, que le bon sens aura son tour.

Ces réflexions nous ramènent à la définition que nous avons donnée du suffrage universel : le droit naturel de tous les citoyens de concourir par leurs suffrages à l'administration du pays dans la double mesure de leur intérêt et de leurs lumières , l'administration de la commune est un intérêt vivant pour tous les habitants , et il serait impossible d'établir entre eux des catégories sans tomber dans des distinctions sophistiques. Nous rejetons donc toute restriction artificielle dans l'exercice du droit de suffrage en fait d'élections municipales; mais cet exercice a des limites naturelles, le sexe , l'âge , et l'habitation réelle.

Nous ne parlerons pas de l'électorat des femmes: bien que des esprits distingués aient soutenu leur droit, cette opinion nous paraît paradoxale et n'a pas du reste pris racine en France. Il n'en est pas de même de l'âge. Sans entrer dans une discussion sur l'âge réel de l'aptitude politique, qui du reste arrive très-inégalement chez les différentes personnes, et n'arrive jamais pour un trop grand nombre, la loi militaire en rejetant à 25 ans la libération et interdisant le vote sous les drapeaux, fixe également à 25 ans le minimum de l'âge de l'électeur, car on ne comprendrait pas un privilége pour ceux qui échappent à ce devoir patriotique. Mais ce minimum est modifié

par la condition de l'habitation réelle,
du domicile dans la commune où l'on
prétend exercer ses droits. Il est impossible d'admettre qu'un étranger, ou une
personne en séjour temporaire, concoure
au choix d'une administration municipale dont les actes étaient hier et seront
demain sans intérêt pour lui. Un domicile réel de deux années paraît la mesure
la plus raisonnable des conditions à exi-
ger pour garantir l'intérêt réel de l'électeur. Ces deux années ajoutées à l'âge
de la libération du service militaire portent à 27 ans l'âge des citoyens électeurs
communaux, sous la seule condition d'un
domicile réel de deux ans établi sur
preuves certaines, inscription au rôle des
contributions ou des prestations, et au
défaut notoriété, prouvée par déclaration
écrite et en forme authentique de quatre
citoyens domiciliés eux-mêmes depuis
plus de quatre ans dans la commune. Il
y a un tel intérêt de sincérité et d'intégrité du suffrage, dans le sens moral
du mot, à éviter l'immixtion électorale
de personnes sans domicile fixe, qu'on
ne saurait prendre sur ce point des pré-
cautions trop rigoureuses.

Nous avons formé les listes électorales dans les communes, sans nous écarter un seul moment des règles de la plus rigoureuse logique, et du respect le plus absolu pour le droit au suffrage ; cependant nous ne nous dissimulons pas les objections que nous opposeront les partis. En excluant du vote les citoyens en séjour temporaire, vous écartez toute cette classe qui va d'un chantier ou d'une fabrique à l'autre, cherchant du travail dans les conditions qui lui semblent les plus avantageuses, n'ayant jamais un domicile réel de deux années, mais n'étant pour cela ni moins intelligente, ni moins laborieuse et certainement tout aussi française que la population sédentaire. Nous ne contestons ni la qualité de ces citoyens, ni leurs qualités ; mais nous maintenons qu'il est aussi contraire à la logique qu'à la politique d'en faire des électeurs municipaux, et de leur confier un droit à la constitution d'une administration dont ils ne se soucient en aucune façon. Que le parti radical soutienne qu'ils ont dans le suffrage universel et direct en matière politique autant de droit que les citoyens

sédentaires à émettre un vote politique, la thèse pourrait à la rigueur se
soutenir bien qu'il y ait à la fois plus de
facilité à obéir aux excitations violentes,
et moins d'intérêts réels engagés chez
les nomades que chez les résidents ; mais
prétendre qu'ils doivent concourir aux
élections communales ou départementales, qu'ils doivent peser sur le choix
d'administrations purement locales et
sans attributions politiques, cela ne sou-
tient pas la discussion. Nous verrons
plus loin dans quelle mesure ils pour-
ront contribuer aux élections politiques.

Passons à l'exercice du droit électoral
pour les élections des conseillers municipaux. Un esprit libéral se demande
avant tout comment il peut assurer la
liberté du vote individuel. Le parfait
idéal serait en quelque sorte la sépara-
tion, la mise au secret de chacun des
électeurs jusqu'au moment du vote, de
façon à ce que chaque personnalité fût
dégagée d'une influence étrangère et ne
choisît ses candidats au conseil municipal que sous l'impression de ses sym-
pathies pour tels ou tels de ses conci-
toyens. Mais c'est un idéal, et puisque

chacun subit, sans s'en douter le plus souvent, l'influence des personnes avec lesquelles il est en rapport, que cette influence soit le résultat d'une supériorité de lumières, de caractère, ou d'intérêt, il faut au moins pourvoir à ce que des influences artificielles et passionnées ne se substituent pas aux influences naturelles, celles de la famille et des personnes avec lesquelles on vit dans des rapports continuels de devoirs réciproques d'affection et de travail. La subdivision de la commune en sections exclusivement formées d'après des considérations topographiques est le seul moyen pratique d'atteindre ce résultat ; et comme on ne peut assurer un vote éclairé et libre qu'en rapprochant autant que possible l'électeur du candidat, et en ne lui proposant qu'un seul choix à faire, on résoudra la question autant que possible en divisant la commune en autant de sections qu'il y a de conseillers municipaux à élire.

J'entends d'ici les clameurs des partis extrêmes ; le scrutin de liste est à leur sentiment l'Arche-Sainte encore plus que l'universalité du suffrage.

**

Vous livrez, nous dira-t-on, les caractères faibles à l'influence des pères, des
femmes, et par conséquent de ce clérica-
lisme que vous repoussez comme nous.
Je conviens que les caractères faibles
sont prédestinés à subir une influence
quelconque ; mais entre un père, une
femme, ou un intrigant politique, mon
choix n'est pas douteux. Je ne fais pas
du reste ici, une œuvre de parti, mais
une œuvre de conscience ; et j'admire
le profond mépris pour les électeurs qui
se cache sous les apparences de sympa-
thies. Les partis extrêmes ne veulent pas
que l'électeur soit abandonné à lui-même ou soumis aux influences de la famille ou du bon voisinage ; les résolu-
tions qu'il pourrait prendre naturelle-
ment sont dangereuses ; il faut qu'il soit
éclairé, excité dans les réunions publi-
ques ou dans les débits de boisson, qu'il
apprenne à se séparer dans l'élection de
ses proches au risque de dissoudre la
famille, ce dernier rempart de la so-
ciété ; l'électeur doit être mené en
troupe comme une sorte de bétail hu-
main ; et qu'on ne s'y trompe pas, dans
ceux qui prétendent au rôle de berger,

s'il y en a de rouges, il y en a de noirs et de blancs.

Nous respectons trop les électeurs, nous dirons mieux l'homme fait à l'image de Dieu ; nous respectons trop sa conscience individuelle, ses opinions même erronées à nos yeux, nous voulons trop fortement la liberté du vote même de nos adversaires, et la libre expression des vœux du pays, dussent-ils être la condamnation pour un temps des principes de toute notre vie, pour ne pas insister sur ce point fondamental de l'exercice du suffrage, sa subdivision. C'est ce qu'on appelle dédaigneusement l'émiètement du suffrage universel. C'est réellement l'unique garantie de l'*intégrité* du suffrage universel. Les conseils municipaux élus sous ce régime ne seront sans doute presque jamais l'expression d'une seule opinion politique ; il sera difficile qu'un homme capable et disposé à s'occuper des affaires de la commune, quelle que soit sa couleur, ne trouve pas dans une population de dix mille âmes, sur 23 subdivisions, une section qui l'envoie au conseil. Le conseil sera donc composé d'hommes de toutes les opinions politiques, s'occupant en commun d'affaires purement administratives, qui apprendront à se supporter, bien plus, à s'entendre et à s'estimer ; et l'on verra ainsi s'effacer ces divisions profondes des partis qui sont un des grands fléaux de notre pays, et se former des hommes habitués au maniement des affaires et surtout faisant passer le bien des affaires avant les passions politiques. Le résultat vaut bien quelques efforts pour l'atteindre.

La nomination des membres des conseils généraux par le vote au canton est encore une élection purement administrative, car il est impossible d'admettre que les conseils généraux non plus que les conseils municipaux aient l'ombre d'une attribution politique. Sans cela les conseils généraux formeraient autant d'états dans l'Etat et la France serait une maison divisée et tiraillée, destinée à une perte certaine. Les conseils généraux discutent les dépenses départementales, et les moyens d'y faire face. C'est un intérêt essentiellement civil et local, et nous n'avons pas à nous préoccuper pour les élections des conseillers géné raux des non domiciliés. Il reste une question assez grave. Tous les électeurs municipaux inscrits doivent-ils voter dans leur canton, pour l'élection du conseiller général ? ou bien le vote aura-t-il lieu par délégation seulement en un seul collége au chef-lieu de canton ? En réfléchissant à la répugnance de la masse des électeurs pour ces déplacements sans intérêt à leurs yeux, à cette inertie qui les retient quand ils ne sont pas entraînés par des excitations passionnées, auxquelles résistent justement ceux qui par leur sang-froid et leur bon sens seraient les plus capables de faire un choix raisonné ; enfin quand on songe à l'ignorance présente de la plupart des électeurs à l'endroit des intérêts à défendre et de la valeur réelle des hommes qui seront chargés de cette défense, on est invinciblement porté à admettre le vote par délégation, à condition toutefois que cette délégation offre en moyenne des garanties d'intérêt réel et de lumières, supérieures à celles du corps électoral tout entier. Il y aurait d'ailrs un avantage sérieux à ne pas déet jeter à un jour donné sur la

place publique toute la population ; intérêt d'ordre public d'un côté, intérêt
de travail pour les classes laborieuses
qui ne prennent pas autant de plaisir
que se le figurent les habitués de café, à
quitter les occupations dont elles vivent
pour la plus grande gloire d'un candidat
qu'elles ne connaissent pas le plus souvent.

Le grand intérêt que portent les citoyens résidants, les habitants des communes rurales surtout, à la bonne ges-
tion des affaires de leur commune, est
une garantie suffisante qu'ils choisiront
pour leurs conseils municipaux les personnes les plus capables. C'est donc
dans ces conseils que doit se trouver
l'élément principal de la délégation pour
l'élection cantonale. Il faut toutefois que
dans chaque commune le nombre des
délégués soit proportionnel au nombre
des électeurs inscrits. On peut évaluer
ce nombre environ au cinquième de la
population totale, sauf certaines excep-
tions dans les localités où l'industrie em-
ploie beaucoup d'ouvriers étrangers au
pays. Laissant de côté cette exception
qui aurait sa place dans une loi détaillée,

on peut admettre un délégué pour vingt électeurs ou pour cent âmes de population ; toutes les communes de 1,000 âmes de population et au dessous auraient donc leur délégation toute formée dans le conseil municipal lui-même et sans recours au vote, en prenant simplement pour délégués, le nombre de conseillers municipaux nécessaire dans l'ordre du tableau. Cette délégation serait complétée dans les communes populeuses, par l'élection de délégués purement électoraux nommés par réunion de sections ou par section suivant le cas. Un exemple suffira à éclairer la question : Supposons une commune de 10,000 âmes ; le conseil est composé de 23 membres ; elle a droit à 100 délégués, il en reste donc 77 à nommer ; chacune des 23 sections nommerait trois délégués et huit divisions composées chacune de trois sections en nommerait chacune un ; ce qui compléterait la délégation.

Si l'on suppose la population d'un canton de 12,000 âmes, l'élection du conseiller général au chef-lieu de canton se ferait par 120 électeurs délégués et, dans cette mesure, il serait possible de donner une sanction au devoir électoral des délégués en imposant une forte amende à ceux qui s'abstiendraient de voter sans une excuse légitime acceptée par le bureau, sauf recours au conseil de préfecture sur la décision négative ou affirmative du bureau,

Nous avons formé le corps électoral pour les élections municipales et départementales, et nous l'avons fait fonctionner. Nous n'avons plus à examiner que les élections politiques. Avant tout, comme il s'agit du pays entier, il est absurde de cantonner l'élection par département ; l'intérêt des départements dans ce qui se lie à l'intérêt national sera toujours représenté avec excès dans l'assemblée nationale. Les députés ne doivent donc pas être des députés de département, mais d'arrondissement, et l'arrondissement électoral ne doit pas être cette division administrative assez inutile que nous connaissons et qui n'a aucun intérêt réel à débattre, mais bien une réunion de cantons, décidée par de pures considérations de proximité et de facilité de rapports, et formée du nombre de cantons nécessaire pour représenter le plus approximativement possible une population de 100,000 âmes. Il y aurait donc en France environ 360 arrondissements électoraux, de 100,000 âmes chacun. si l'on adopte pour l'assemblée le chiffre très-suffisant de 360 députés. La localisation de l'élection, la suppression absolue du scrutin de liste sont encore plus essentielles dans les élections politiques que dans les élections purement administratives ; en effet, c'est dans les élections politiques surtout qu'on fait le plus d'efforts pour entraîner ou égarer les électeurs. C'est dans ces élections qu'à la faveur du scrutin de liste, on voit ce double spectacle également immoral et dangereux : un homme honorable associé à une personne à laquelle il ne tendrait sa main qu'avec dégoût ; et des électeurs fermant les yeux sur ceux qu'ils ne connaissent pas, par entraînement pour un ou deux candidats qu'ils ne connaissent souvent que de nom. L'élection d'un seul député par chaque arrondissement électoral fait disparaître ce qu'il y a de plus choquant dans la législation actuelle. Il n'en reste pas moins une grande difficulté, celle de mettre le candidat en face d'électeurs capables de l'apprécier, et connaissant assez son passé pour pouvoir préjuger son avenir ; je veux dire sûrs de sa moralité, de sa capacité et de la fermeté de ses opinions politiques. Nous sommes ainsi ramenés invinciblement aux seuls moyens pratiques, ceux que nous avons adoptés déjà pour l'élection au conseil général.

Le corps électoral pour la nomination des députés d'arrondissement serait donc formé de la réunion des délégués de tous les cantons qui composent l'arrondissement ; ce qui formerait pour un arrondissement de 100,000 âmes un corps de 1,000 électeurs, qui pourraient voter par canton, afin d'éviter des déplacements onéreux pour les électeurs, et des agglomérations dont on pourrait profiter pour troubler la paix publique.

Nous aurions fini notre tâche si nous n'avions pas, dans le même esprit de justice et de respect de tous les droits, à nous préoccuper de ceux des citoyens qui n'ont pas le domicile de deux années imposé à tous les électeurs municipaux.

Il nous paraît aussi impolitique qu'injuste de fermer la bouche à cette partie flottante de notre population qui va sans cesse en augmentant avec les progrès de notre industrie. Chaque groupe de 20 de ces citoyens, à partir de l'âge de 27 ans, a droit à nommer un délégué pour les élections politiques. Il faut donc former dans chaque canton, au chef-lieu de canton, une liste supplémentaire comprenant tous les citoyens justifiant par leur acte de naissance de leur nationalité et de leur âge, et ayant six mois de résidence dans le canton. Cette liste devrait être arrêtée deux mois avant l'époque fixée pour l'élection, et les électeurs de cette catégorie seraient convoqués au chef-lieu de canton un mois avant l'élection du député d'arrondissement, afin de nommer autant de délégués que la liste contiendrait de fois 20 électeurs. Ces délégués munis de cartes personnelles concourraient comme les autres à l'élection du député.

Tel est le mode d'exercice du suffrage universel qui nous paraît, dans ses lignes principales, le seul qui respecte à la fois le droit naturel de tous les citoyens, la liberté de leur vote, et, dans la mesure du possible, leur aptitude à émettre ce vote en connaissance de cause. Nous nous bornons à l'examen de l'exercice du droit de suffrage, n'ayant ni la prétention ni le désir de produire une constitution, et nous nous sommes contenté d'appliquer le suffrage aux corps dont personne ne peut contester la nécessité absolue, les conseils municipaux, les conseils généraux, et l'assemblée nationale. M. Thiers a présenté des projets constitutionnels sur l'établissement de deux chambres et l'organisation du pouvoir exécutif. Nous nous en rapportons volontiers à son expérience. Mais aucun homme politique de quelque poids n'a sérieusement engagé, à notre connaissance, la question fondamentale de l'exercice du droit de suffrage inhérent à la qualité de citoyen français. C'est cependant là et là seulement qu'est la perte ou le salut ; et on chercherait vainement une issue à la crise qui menace l'existence même de la patrie dans des combinaisons monarchiques ou républicaines. En effet, la monarchie doit être libérale et la république doit être

modérée pour constituer un gouverne-
ment durable et désirable. On ne peut
attendre ni liberté ni modération de
l'exercice du suffrage universel dans la
forme que nous a léguée l'empire : il est
condamné à la servilité ou à l'anarchie.
Il faut donc attaquer, sans se lasser, les
préjugés de peur ou d'ignorance qui
nous enchaînent à cette procédure mor-
telle qui achève de détruire les forces
morales de notre pays. Nous maintenons,
on l'a vu, le suffrage universel, même
pour les citoyens qui n'ont qu'une résidence temporaire, quand il s'agit d'élections politiques ; mais nous rejetons le
scrutin de liste et le suffrage direct dès
qu'il s'agit de réunir pour un même
vote des armées d'électeurs ; nous trou-
vons que mille électeurs sont un chiffre
respectable pour une élection de député d'arrondissement. Jeter 20,000
électeurs à la fois sur la place publique
nous paraît une conception aussi contraire à l'ordre qu'au bon sens. Nous
proposons l'élection à deux degrés, et
ce système a peu de faveur ; il faut qu'il
reprenne faveur ; car il est impossible
de lui opposer une objection sérieuse,

et tout milite pour lui. Du reste, les raisonnements sont bien faibles en présence d'une grande raison. Cela sera ainsi, ou bien le suffrage universel disparaîtra, et sa dernière œuvre sera de nous livrer aux mains d'un dictateur légitime ou illégitime. Il sera modifié par l'Assemblée nationale ou supprimé par un coup d'Etat. Voilà l'alternative. Ceux qui refusent d'examiner cette question pour la résoudre, sont semblables à l'oiseau qui croit échapper au danger en cachant sa tête sous son aile pour cesser de l'apercevoir.

Nimes. Typ, Clavel-Ballivet, rue Pradier, 12.